JN437598

지는 꽃이 아름답다

김선욱 시집

지는 꽃이 아름답다

시인마을 002
새로운사람들

自序

시집 『지는 꽃이 아름답다』는 네 번째 시집이다.

이번에 나는 가까스로 '詩 봉우리' 하나의 등정登頂을 마친 것이다.

이번 나의 '詩 등정'이 비록 남들에겐 보잘 것 없는 것이었다 할지라도, 나로선 최선을 다한 등정이었다. 오르다 산길을 잃어 헤매기도 했으며, 체력이 약해빠져 두 다리에 힘이 풀린 후 좌절하며 뒤 번 아주 등정을 포기하려고도 했다. 그러나 다시 힘을 끌어모으고 그래도 힘이 부치면 두 무릎으로 기어오르기도 하며 가까스로 마친 등정이었다.

돌이켜 보니, 이번 등정은 나 스스로에게 부끄러울 것도, 더는 아쉬울 것도 없는 등정이었다. 미흡하면 미흡한대로, 어제까지의 나의 '詩 등정'은 어제대로 맺어졌으므로, 이제는 새롭고 다른 등정을 채비 한다.

하나의 정상을 올랐다고 하여도 다시 또 하나의 정상을 향하여 오르는 길이나 하늘땅은 늘 새롭다. 어제와 다른 음역音域이다. 이번 등정을 마치자 다시 다른 음역音域이 이미 찾아들고 있다. 순리다. 당연히 이것들을 그대로 받아들인다. 이 순리를 좇으며 나는 이 다른 음역에서 어제와 다른 새로운 꿈을 꾸며 또 시작한다. 다만 어제보다 더 깊이, 더 넓게, 더 새로운 눈으로 들여다보려고 애쓰며, 늘 다른 꿈을 꾼다. 무망한 꿈일지라도.

다만 나이, 세월의 격도 무너뜨릴 수 있는, 또 하나의 등정 후가 더 빛날 수 있도록 더 환한 꿈을 꾼다. 오늘도 내가 '詩 등정'으로 살아가는 이유이다. 이러한 꿈꾸기가 내 종생終生에 이르도록 계속 이어지길 소망한다.

나의 '詩 등정'은 아직도 까마득하다. 이제 겨우 하나의 하찮은 산봉우리를 타올랐을 뿐이다. 내 앞으로 끝없이 펼쳐진 수많은 '詩 봉우리'를 타오르고 타올라야 한다. 그것도 수많은 봉우리 중에 만족감을 느끼고 보람도 얻을 수 있는 봉우리를. 이게 나의 숙명이다.

이제는 다시는 오르는 중도에 헤매지 않도록 채비하고, 다시는 주저앉은 일이 없도록 힘도 비축하고 날마다 승勝하는 등정을 꿈꾸며 새로운 마음으로 등정을 시작하리.

이번의 나의 '詩 등정'을 격려해주고 축복해주는 이들의 사랑의 힘으로, 어제까지 등정의 체험이 더 충일한 등정을 맺으리라 소망하며.

2014. 9.

정남진 억불산 자락에서 金善旭 쓰다

차례

제2장 생존, 반짝거림이다

제3장 늙은 대숲의 꿈

제1장

그릇

그릇

지금 나에겐
그릇 하나가 있어야 한다
깨진 그릇은 날이 선다
사금파리는 누구에게도 상처를 낸다
두루뭉술한 그릇은 넉넉하지만 넘치기도 한다
밑바닥에 구멍이 뚫려
담아 두려 해도 헛수고이고
넘쳐 버리는 일도 없고
절로 비워지는 그릇

지금 나에겐
그런 구멍 뚫린
그릇이 있어야 한다.

빛 그리고 어둠

빛은 어둠 아래선 잘 죽는다
불을 밝힌들 어둠을 다 몰아낼 수도 없다
빛이 극성이어도 곧 어둠에 잡혀 먹히고 만다
어둠은 빛 아래서 쉬이 죽는 법이 없다
그림자로 숨어들거나 잠들며 활개칠 기회만 노린다
빛이 어둠을 무릎 꿇리는 일은 까마득하다
어둠을 죄다 몰아내는 일은 더욱 요원하다
세상의 이치가 그러하거늘
죽일 수도 없는 어둠을 죽이려 헛심만 쓰니
빛은 더 약해빠지고 어둠은 더 기세등등 활개만 친다
빛이 늘 죽으면서도 어둠과 맞서는 것은
빛이 빛으로 사는 유일한 길이어서이다

빛이 어둠을 이기는 길
어둠에 눈을 익히는 일이다
어둠과 맞서 밀리지 않을 다른 빛을 만들어내는 일이다
힘을 키우고 제 몸뚱이 키워내는 일이다

요원한 일이지만

이 또한 빛의 숙명이다.

노을

붉디붉다고
하도 한이 많아서 그리 불태우느냐 탓하지 마라
내 사랑을 다 채우지 못해
넘치는 사랑은 아예 스스로 태우니라
잠깐 얼굴 내밀었다 금세 스러진다고
허무하다고 말하지 마라
내일 다시 떠오르리니

내 사랑도 그러하니라
사랑은 본시 불타며 스러지고
다시 태어나는 알파요 오메가지만
무시무종無始無終이기도 하느니
내 안에서 미친 듯이 이 땅을 태우고
내 안에서 미친 듯이 님도 태우고
종국에는 저 하늘도 미친 듯이 태우며
사랑으로 살다 사랑으로 가느니
하여 사랑은 영원하느니

나,

저 푸른 하늘 아래

이 땅 위에

갓 피었다가 지고 다시 피어나기를 거듭하지만

종생에 이르도록

사랑으로 살다 사랑으로 죽노라

말할 수 있다면 족하리라.

향기1

살아 있는 것들은
모두 제 향이 있다

한 발짝도 날 수는 없지만
유일하게 내 것을 날려 보낼 수 있는 것이
내 몸 어디엔가 잠들어 있었다
너로 인해 비로소
나는 날아가는 존재가 된다

내 몸에서 스멀스멀
뿜어져 나온 너는 거칠 것이 없이
훨~ 훨
황홀한 자유의 이름으로 날아가지만
소리의 끈이 있어
내 존재의 유일한 표식이 되고
내 영혼의 숨결이 된다

어떤 것이든 마지막엔

제 향을 통째로 치열하게 내뿜는다
모든 살아 있는 것들의 마지막에서
네가 가장 아름다운 빛으로
드러나는 이유이기도 하다.

향기2

생겨나면 사라지고
채워지면 비워지는 것은 이 세상의 순리
한낱 먼지마저도 종국에는 사위어지느니
삶이란 영구한 시간의 한 점에 잠시 머물다
흔적 없이 사라지는 구름 같은 것이니
이생의 우리 몸뚱이도 종국은 먼지뿐인
하여 삶은 으레 그런 것이니

그러나 참된 자기 삶을 이룩해 온 사람은 안다
이생의 삶의 종국은 먼지가 아님을
먼지에 이어 남겨지는 것이 있으니
보이지 않고 인식에 잡히지 않을 뿐임을
삶은 그것 하나로 귀결되니
비우고 비워야 채워지고
선하고 선해야 꽃처럼 빛나는
환한 우주별로 영원히 피어나는 그것
곧 향기이니

나 오늘도
묵묵히 걸어간다
내 생의 종착역에서 피어날
이 우주에서 유일무이할
그 향기를 위해.

아비의 마음

4평쯤 되는 방 하나
욕실, 보이러 실이 딸린
외벽은 혼합 붉은 벽돌
지붕은 슬레이트
국적 없는 잡동사니 같은
6평 남짓한 자그마한 집 한 채

산기슭 비탈에 들어앉은 집 마당이 시원스레 터져 조망되는 집 앞 풍광이 제법 그럴싸했던 마당 한 귀에 푼푼이 모은 돈 다 쏟아 붓고 은행 돈 빚 얻어가며 집을 세우자

주위 사람들 좋은 집 버렸다, 돈 낭비했다 며 끌끌 혀 차던

아비 집에 오면 한 시간도 아깝다는 듯 휭하니 서울 길 재촉했던 아들놈이 군 공익근무로 아비 집에 2년 묵게 되며 서둘러 지은

장가들고 시집간 아들딸 내외가 아비 집 찾아 맘 편히 하루라도 머물기만 바라며 지은

창고 같지만 내 맘에는 궁궐 같은 자그마한 집 한 채

아비의 마음이다.

봄날이 두려운 이유

봄날이 오면
푸른 보리 밭두렁 너머 간지러운 종달새 노랫소리가
가슴에 오래 묻어둔 추억들을 건져낼 것이다
푸른 바람은 살랑살랑 피우며 숨넘어갈 듯 달려와
가슴 깊이 잠든 그리움을 깨울 것이다
빗장 열린 하늘에서 쏟아지는 푸른 햇살도
오래 묶인 발목 끈을 풀어 어디로든 떠나게 할 것이다
코끝을 간지럽히며 흐드러지게 웃어대는 꽃의 요정들도
키득거리는 웃음소리로 가슴 속에서 사라져가는
사랑의 불씨를 피워낼 것이다

모두 떠나고 나만 홀로 남을
그 봄날이 오면
길고 긴 잠 속에서 미처 깨어나지 못한
껍데기뿐인 내 몸뚱이는
자꾸 흔들거리며 푸른 바람을 피워내고
기진맥진하며 다 죽어가던 사랑이란 놈도
기어코 활활 타오를 것이다

아, 그날이 오면

나는 미치지 않으면 버텨내지 못할 것이다.

강의 속살

-탐진강 21

친구여
강의 속살을 만져본 적이 있는가
강의 머리에서 발끝까지 내디뎌 본 적은 있는가

강은 실핏줄로 흐르며 사연을 담는다
더 낮은 곳으로 흐르며 더 깊은 곳으로 속속들이
제 몸 아낌없이 내주며 살아있는 것들의
온갖 것의 사연을 담는다
은빛 비늘의 물고기 떼의 사랑도
날개짓하는 새 떼의 언어도
사람들이 내버리는 오물도

세상도 세월도 낚아 흐르느라 깊어진 상처들
허리를 동강 내고 가슴을 도려내는 아픔도 안으로만 삭이고
참아내기 힘들면 제 가슴 헤집어 드러내지만
누더기 되어 흉측해진 채 허예진 드러난 속살들

친구여

그 속살을 만져보라

그 속살의 기도를 들어라.

종점의 일몰

버스가
더 이상 갈 곳이 없어 멈춘
구름도 달도 머문다는
종점 운월雲月 마을*의 저물녘

진종일 노역 마친 버스도 안식에 드니
하늘도 지친 어깨 땅 위에 내려놓고
적요 깃든 산들도
땅에 두 다리 뻗은 사람들도
기운을 꾸륵꾸륵 게워내며
제 몸뚱이를 비운다
새날에 채우리니

종점은
그렇게 일몰을 맞이하고 있다.

*전남 장흥군 유치면에 있는 해발 5,6백 고지의 오지마을. '구름과 달'을 벗 삼을 만큼 깊은 산골, 후미진 마을이다.

칙간

칙간이 싫어 사립 밖 박 씨 밭에서 똥을 누다 아비에게 들켜 엉덩이가 벌게지도록 맞았다 똥이 니 목숨 살리고 죽이기도 한다, 침 튀기며 싸질러대는 아비의 입은 똥통을 닮아있었다 똥을 눈 뒤 으레 감나무 잎사귀나 반질반질한 조약돌로 밑을 닦곤 했다 어느 날은 공책 장을 찢어 밑을 씻다 아비에게 들켜 고방에 갇힌 채 진종일 밥도 굶고 결석하기도 했다 무더위가 푹푹 찌는 여름날 칙간 똥물은 넘쳐흘러 똥덩어리가 퐁당퐁당 떨어질 때마다 똥물이 엉덩이까지 튀겨올랐다 구더기 떼는 제 세상 만난 듯 똥통 주변에 법석을 떨었다 어느 날 어미 쥐 한 마리 똥통에 빠져 배불뚝이 되어 죽은 채 둥둥 떠다녔다 또 어느 날은 아랫마을 박 씨가 칙간에 빠져 죽었다 똥물을 얼마나 퍼마셨는지 박 씨 배는 아비 똥장군을 닮아있었다 칙간 똥이 사람 목숨도 살리고 죽인다는 아비 말을 이해한 것은 성인이 되고 반생이나 더 산 뒤였다

칙간에도 생사는 늘 이웃처럼 함께했던 것이다.

겨울 제암산*을 오르며

겨울 산에는 정갈한 눈물이 있고
그 눈물은 겨울 산을 오르는 자만이 볼 수 있다

더운 피 도는 가슴을 감춘 채
고독을 덮어쓴 빙벽까지 드러내니
속 눈물이야 어찌 드러낼 수 있으랴
열이 나는 두 손으로 만지고
두 발로 더듬어 보아야 한다
빙벽을 타오르며 땀을 뿌려야 한다
그리고 겨울 산의 거친 숨결을 들어야 한다

적묵만이 숨 쉬지 않는다
모든 말씀을 심연에 가두지도 않는다
벼랑 끝에서 빼꼼히 꽃눈 내미는 꽃등의 묵언
안간힘으로 땅속을 움켜쥐는 풀뿌리들의 가녀린 숨결
진달래 산철쭉 산벚꽃 이팝나무들이 필생의 역작을 채비하느라
내뿜어 올리는 융숭 깊은 잉태의 거친 파동들

그 묵시의 언저리엔
지어미가 지아비를 위해
지아비가 지어미를 위해 흘리는 사랑의
정갈한 눈물이 배어 있다

그 눈물을 느껴야 한다
새로운 사랑은 비로소
느꺼운 눈물에서 비롯되듯이.

*제암산은 장흥군 장흥읍에 있는 명산(807m)이다. 제암산 중턱은 10만여 평의 철쭉평원으로 유명하며, 정상에는 제암바위(임금 바위)가 있다.

정남진*에는 낙타가 산다

723미터 봉 천관산을 오른다

남해가 질펀하고 북으로 동으로 서로 수십 굽이 첩첩 등고선 따라 능선들이 맥을 이루고 있다

그 어느 쯤엔가 억불산 사자산 삼비산 부용산 수인산 봉림산 천태산**봉들도 함께 어우러지며 누워있을 터이다

아슴푸레한 자태들이 불현듯 확연해진다

낙타들이다

고개를 곧추 세운 그러나 꿈꾸는 듯한 낙타들이 여기저기 누워 있다

그들이 눈앞으로 밀려와 그림을 그린다

외로워 보이지만 선량한 자태로 온갖 풍파에 몸속 기운을 빼앗겨버려 텅 비어있는 듯 가녀리게 보이지만 고개를 빳빳이 쳐들어 의연히 땅을 굽어보는 낙타들

그들의 처연한 잔등에는 수천 년 시공을 관류해 오느라 훈장처럼 새겨진 숱한 상처들이 덕지덕지 얹혀있다

무겁게 가라앉은 눈에는 척박한 땅을 굽어보며 인고의 세월에도 가시지 않는 천 년 그리움도 쌓여 있다

아직은 긴 여정으로 고행의 발걸음은 떼지는 않았다

저 유라시아 대륙의 사막을 횡단하는 꿈을 꾸고 있을 뿐이다

어느 때인가, 허리를 일으켜 뚜벅뚜벅 걸어나갈 것이다

반도를 거슬러 광화문을 지나고 삼팔선을 넘어 북녘 중강진을 거치고 백두 천지를 넘어 만주벌을 지나 바이칼 호까지 웅보를 내디딜 것이다

어쩌면 대한반도를 넘고 중화 대륙을 지나 실크로드를 따라 유라시라 대륙을 관통할 것이다

태고부터 가슴 안으로 갈무리해 온 정남진의 정기와 말씀으로 무장하고

세상을 향해 포효하며.

*정남진이라는 이름은, 정동진이 서울 광화문에서 정동쪽으로 내달아 도착하는 나루라는 유래를 가진 것에 착안, 장흥군이 발굴한 지역 이미지 브랜드이다. 장흥군은 서울 광화문에서 정남쪽으로 일직선에 위치해 있으며, 정남진-광화문과 일직선상에 있는 대한반도의 북쪽 끝은 중강진이다.

겨울 나그네 2

겨울밤은 길다
동토의 겨울밤은 춥다
어둠은 짙어 길은 보이지 않고
칼바람은 몸뚱이도 얼린다

겨울밤을 가는 나그네여,
얼마나 걸었다고 절망하고 밤길을 멈추는가
섣불리 여명을 기다렸는가
선부른 기대가 그대 발길을 붙잡았구나
겨울밤을 가는 그대의 밤길은 숙명이리니
흑암으로 길이 보이지 않는다고 탓하지 마라
다시 굳건히 일어서 어둠을 노려보고
어둠에 눈을 익혀 어둠의 눈으로 길을 찾으라
여태 곳곳에 도사린 어둠이 하늘 높이 치솟아
별빛도 가두어 온 누리가 다시 암흑으로 팔팔하여
저 멀리 다가오는 여명도 그 기세에 눌려 잠시 비켜났을 뿐이리니

겨울밤 길을 재촉하는 나그네여,

돌부리에 걸려 넘어지고 또 넘어지며 두 무릎이 깨어지더라도

다시 일어나 갈 길을 서둘라

일어설 기운조차 쇠진했거든 두 무릎으로 기어서라도 가라

겨울밤을 걸어가는 이 결코 홀로가 아니다

수많은 이들이 그대 곁에 걷고 있다

어둠에 가려 보이지 않을 뿐이다

심장 깊이 도사린 뜨거운 피로 그들과 어깨동무하며

어둠의 길을 돌파하라

설혹 어둠이 새벽 하늘도 가려

대명천지를 몰아내고 흑암으로 뒤덮을지라도

저 멀리 여명은 살아 있어

기어코 그대 앞길을 밝히리니

나그네여,

어둠살에 갇혀 꼬꾸라져 동사하기 전에

남은 붉은 피돌기 죄 끌어 모아 네 심장 뜨겁게 데우며

다시 갈 길을 서둘라

신은 공명정대하여

이 어둠 또한 지나가는 바람 같으리니.

섬

파도가 그리운 날엔 꿈속의 길 열어 바다가 흡월하고 맹글었다는 반달 닮은 섬에 올라 아랫도리로 방망이질을 해댔다

그런 날이면 보는 사람 누구도 없었는데도 괜히 부끄러워 고개 들지 못했다

파도가 겹겹 쌓이는 머언 바다에 둥둥 떠다니는 새끼 섬 하나 만들고 싶었다

아무도 모르는 내 그리움 하나 숨겨놓을.

황혼의 바다에서

기진한 해는
바다를 애무하고
바다는 흥분하며 요동친다

해가 바닷속으로
불덩이 꽂아 넣으니
산통으로 몸부림치던 바다는
차마 뜨거움을 감당 못해서인지
끊임없이 해를 토해내고

쑤우 쑤우
차르르 차르르
해를 하나씩 업은 채
너울지며 밀려오는 물굽이들
…

내 가슴은 수많은 해를 삼키며
끝없이 태우고 비워내지만

다시 채워지는 건

아득한 그리움뿐.

빈집

기와지붕에 처마도 제법 반듯한
쓰레기더미로 그득한 칸칸 방도 있다
수년째 독처하던 팔순 할애비 세상 하직 후
몇 개월째 내버려진 빈 집에서
나는 누군가의 흔적을 볼 수 있을까
오랜 적막 속에 꽁꽁 숨었을 흔적을 만날 수 있을까
빈 집 안팎을 서성거려보지만
오래 머물렀을 바람 몇 점이 불쑥 튀어나와
누군가의 흔적이었을 것들을 데리고 쏜살같이 달아나고
처마 새로 쳐들어와 뒤엉킨 햇살도
먼지 무게에 못 견뎌하며 땅바닥에 주저앉고 마는

먼지들만 신이 나 있을 뿐
풀벌레 소리만 가득할 뿐

안방귀신도 정재귀신도 장독귀신도 떠나버린 듯
몇 십 년을 살았을 삶의 흔적마저
몇 개월 만에 흔적 없이

사라져버린 것은 우울한 일이다

사람이 이 땅에서 흔적 없이 사라지는 것은

더욱 우울한 일이다.

오래된 숲

오래된 숲에는 나무도 숲도 없다
사람이 살고 있다
숲이 되기 위해서이다

많은 장애를 거치고 있지만 오래 살면 숲이 될 것이다

오래되면 그 숲도
다시 사람이 살 것인가는 알 수 없는 일이다.

● 시작노트

장흥군 장흥읍 송산리에 자리하고 있는 1백 년 된 한옥의 이름이 '오래된 숲'이다. 이 집은 시민운동을 하다 낙향했던 김 모 씨가 사들여 살고 있다. 애초 이 가옥은 김 씨가 귀향, '장흥문화마당'이라는 새로운 시민문화운동을 주도하며, 문화공간으로 활용하기 위해 정부 지원금을 보태 구입, 개축했던 공간이었다. 그러나 '장흥문화마당'이 몇 해만에 해체되면서 지금은 김 씨 부부가 살며, '북카페'를 열고 새로운 문화운동을 모색하고 있다.

겨울산의 심연

겨울 산은
무엇이든 얼리고 갈무리하여
얼음벽 안으로 가두고
겨우 내내 묵언 수행에 든다
유장히 내리는 눈발이 눈꽃을 피워도
칼바람 등허리 붙들어 잉잉거리며
한껏 위세도 부린다

목숨 사윈 온갖 것들은
한 올 숨결의 기운까지 뽑어주고
넋들은 푸른 별이 되어 떠오르니
결코 사랑이 죽은 것이 아니다
태초의 땅으로 회귀한 겨울 산은
겹겹 심연을 감싸 안을 뿐이다

심연에 뿌리내린 것들이
질곡진 장장한 세월에 담긴
질펀한 눈물을 모아
더 큰 사랑이 충만한
생명 잉태를 채비하고 있음이니.

바다는

산속 소년은 해마다 이른 봄이면 분지 가득 펼쳐진 분홍 빛 바다를 보았다 아비가 바다라고 말해준 철쭉이 만개한 분홍 빛 그 바닷속에서 소년은 낮잠도 자고 산토끼와 놀고 여기저기에 배설도 하고 밤이면 먼 나라를 항해하는 분홍 빛 꿈을 꾸곤 했다 성인이 다 되었을 무렵 아비가 죽어 철쭉 바다에 아비를 묻고 산에서 얼핏얼핏 보았던 남해안으로 하산한 그는 처음으로 사람들이 바다라고 하는 푸른 바다를 만났다 그는 바다에 풍덩 빠져보고 바닷물로 젖은 얼굴이며 가슴팍을 만져보고 아, 바다는 이런 것이구나, 생각했다 그는 산에서만 지켜보며 까닭모를 그리움에 빠져들곤 했던 그 아득하기만 했던 게 바로 이 바다였구나, 하고 신기해하며 몇 해를 바닷가에 살며 배를 타고 헤엄치고 고기를 잡아먹기도 했다 사람들이 다 바다라고 말하는 그 푸른 바다를 그도 바다로 인정은 했지만 그의 가슴은 한사코 산속의 철쭉 바다가 진짜 바다였다… 세월이 흐르며 바다를 떠나 도회지로 나온 그는 바다에서 나온 생선이며 고막이며 조개며 각종 어패류를 먹기도 하면서 푸른 바다가 진짜 바다로 되어 갔지만 여전히 그의 가슴 속의 바다는 분홍 빛 바다였다 그

리고 밤마다 산속 바다를 헤매고 분홍 빛 바다를 헤엄치고 그 바다에서 만나는 각종 산어山魚들과 노닐곤 했다

이제 늘그막에 접어든 그는 바다에서 여생을 마치기로 한다

그가 찾아가는 바다는
처음으로 만나 풍덩 빠져 보았던 남해안 푸른 바다일지
아비가 누워 있는 분홍 빛 바다일지는 알 수 없다
바다는 그에게 평생의 반려였다
그를 이 세상에서 살아가게 한 유일한 꿈이었다
한 세상 살 만큼 산 그는
이제 꿈속으로 다시 가려는 것이다.

소래포구에서

우수雨水 전 날
눈이 채 녹지 않는 산길 더듬으며 오른 소래산* 하산 후
온갖 갯것들이 모여 있는 어물전에서
1만 원 짜리 회에 소주 마시며
흘끔거린 소래포구 개펄은
때 이른 봄기운을 풀풀 피워낸다
바다와 종일 섹스한 여인이 발가벗은 몸뚱이로
나자빠져 드러누운 채
눈부시게 뿜어내는 잿빛 상처투성이 알몸으로

개펄만 봄일 뿐 어물전은 봄이 아직이다
겹겹 어물전마다 왁자지껄한 소리들
그러나 맥없는 소리, 열없은 웃음소리뿐이다
그럼에도 겨울도 봄도
어깨 걸고 흐르고 있었다
술기운이 온몸의 세포들을 휘감도는 동안
아, 나는 저만큼 서성거리는 언 강 풀리는 소리 들으며
개펄에서 옆자리에 술 마시던 여자의 알몸을 품고

뻘뻘 땀을 흘리고 있었다.

*경기도 부천시에 있는 산.

다산초당에 오르며

예전에 정적만 감돌았을
귤동* 숲 샛길
사람들 발자국만큼
옴팍지게 패이고 훤히 트여
헛말들이 난분분히 쌓이고 있다
땅 속으로 뿌리내린 바윗덩이 민머리통은
발 뿌릴 건들고
여기저기 나뒹구는 돌멩이들도 칩떠보고
나무뿌리들은
얽히고설킨 채 땅 위로 내뻗치며 소리친다
초당草堂에 오르려거든 길 없는 듯 오르라고
열여덟 해 오르내리며 다듬고 내뱉으며
땅 위에 뿌렸을
다산의 말 한 마디 주워담으라고

하산하며 뒤돌아 서니
트인 하늘 보기 부끄러워
나무 잎 틈새로 살그머니 엿보기만 했을

다산茶山의 그 하늘이 내려앉아
허겁지겁 계단 길 밟는
껍데기뿐인 내 등을 떠민다
초당의 돌계단 길은
껍데기들의 하산길이었다.

*다산의 초당이 있는 마을 이름.

목민심서牧民心書*

-다산초당에서

몸뚱이 그대로 드러나 있는 것마저
눈멀어 보지 못하니
밑동이는 감추고 달랑 반쪽만 드러나 있는 것들
알곡은 온데간데없고 바람결에 스치는 껍데기 같은 것들
입으로만 외치는 헛것들만
넘쳐 흐르는구나

초당에서 숨 쉬는 18년 내내 내뿜고
더 많게는 속으로만 삭혀으리니
천지간에 환하게 빛나던 것들도
이젠 먼지 뒤집어쓰고 더 깊이 잠들어 가니

아, 껍데기들이 18년 초당살이
말씀의 속내를 들여다본다 한들
감히 시늉이라도 낼 수 있겠는가.

*다산이 유배생활 중에 저술해 유배가 끝나던 1818년 완성된 48권 16책으로, 지방관리가 지켜야 할 금과옥조의 지침 등을 기록한 책.

청명차를 기다린다

-보성다원 봇재*에서

볼을 에는 칼바람으로 등허리 움츠리고
빈 가지의 연초록 혀도 얼어붙었지만
몸뚱이 빼곡히 얽히며 더운 피 나누고
겨울잠 속에 초록 빛 꿈꾸니

그대여
봇재로 오시게나
아리랑이 피어오르거든
남녘 들녘에 버들강아지 향기 전해지거든
청명차清明茶 향 맡으리니
우수에 이르러 땅 속살이 기지개 켜면
곡우 이전에 서둘러 움 터뜨린
첫 새벽에 이슬 머금은 여리고 여린 새순으로
대여섯 번 덖고 덖은
온 누리 봄 향내를 그득 담은
첫 차를 마시리니

그대여

보성 봇재 차밭으로 오시게나

겨우내 지친 삶의 속내가

신묘한 청명 차향으로

활짝 갱생되리니.

*보성군 보성읍에서 율포 해수욕장으로 가는 18번 국도를 따라 8㎞쯤 가면 봇재가 나오고, 야트막한 산기슭에 굽이굽이 짙은 녹색의 차밭이 끝없이 펼쳐진다. 한국 차의 본고장으로 불리는 보성의 다원이 이곳에 자리한다.

다시 꿈을

-해남 땅끝 마을에서

한 날을 꿈꾸며 땅 끄트머리에 서니
바람이 뭍으로 등을 떠민다

날로 묽고 까칠해지지만
누가 이기고 지는 것도 아닌
가위 바위 보 같은 세상살이
끊어지고 닳아진 꿈 조각들을 깁고 또 기우며
버텨 온 녹슨 이승의 세월

이젠 비록 허망한 꿈일지라도
등 뒤에서 들물처럼 엉겨 붙어
야금야금 나를 잡아먹는 그림자라도 떼리
가슴을 꽉 채워 버겁기만 하는 부질없는 것들
유형의 땅에서 묻혀 온 해묵은 때들도
땅끝 마을에서 무너지는 노을에
함께 묻으리

남녘 설빙을 거쳐 온 바람이
비우지도 못하는 나를 질타한다
어디에서건 비우면 되는 것을
비울 곳을 찾은 내가 부끄럽구나

그럼에도
나,
땅 끄트머리에는
뭍으로 오르는 맑은 바람의 노래가 있어
다시 일어선다
다시 또 헛물만 켤지라도
이승의 나의 생이 오지게 환해지는
꿈을 꾸며.

날마다 비상을 꿈꾸기

첫새벽 뒤란 감나무 새집, 어제는 날개짓만 하던 새끼 새 한 마리 오늘도 날기를 연습한다

파르 파르르, 가녀린 날개를 얼마나 파들거렸을까

부~웅, 5센티미터쯤 떠오르다 풀썩 주저앉고 만다

오늘은 날기를 포기했지만 내일도 날기를 연습할 거고 어쩌면 내일은 힘차게 날지도 모른다

새끼 새는 날기를 포기했지만
세상은 오늘도 어김없이 아침을 연다

또 하루가 시작되는 거다
어제와 전혀 다른 세상이 열리는 거다
내 꿈은 높이 나는 것
턱없이 무모한 일일지라도
이 꿈만이 나를 살아있게 하므로
나는 오늘도 새로운 세상에서
비상을 예비한다

어제의 모습 그대로이지만
어딘가 달라져 있을
내 몸뚱아리 허물을 하나하나 벗기고
내 가슴에 남아있는 것들도
하나하나 버리고 비우며
언제 닿을지 모르는
내 생의 종착역에 이를 때까지
뒤란 새끼 새처럼 날기를 꿈꾸며
오늘도 내일도 변함없이

내 몸뚱이 깃털처럼 가벼워져
가는 바람에도 절로 비상할 때까지.

제2장

생존, 반짝거림이다

생존, 반짝거림이다
-먼지1

있지만 없는 듯
없지만 있는 듯
천지간을 빼곡 채우고 있지만
좀처럼 실체는 드러내지 않는
바늘 끝 첨각에도
내 머리칼 끄트머리에도 앉아
사람들을 조소하고 있는
끊임없이 이리저리 움직거리며
한 줄기 빛이 쏘이면
제 모습 드러내고
반짝거릴 뿐인

아, 우리의 생존도
한 찰나에 반짝일
존재뿐인 것을.

가장 미천하지만 영원한 것

-먼지2

죽어도 남는 것
태워도 남는 것
모든 것이 사라져도 남는 것
우주가 소멸한 후에도 유일하게 남아 있을
태초 이후 시공을 뛰어넘어
여전히 오늘도 사는
가장 미천하지만 영속적인 것

그러나 혹자들이 '사람들이 그것보다 못하다'고 믿는 것은
그것이 영원히 사는 존재여서가 아니다

가장 낮은 곳에 엎뎌 있거나
어디에서든 제자리 만들며
절대 순종만을 미덕으로 살기 때문이다
제 몸뚱이를 가장 가볍도록 비워
가장 작은 입자되어
절로 하늘로 올라가
온 세상을 날아다니는 희망을
늘 꿈꾸기 때문이다.

저승길

-길1

하늘도
상엿소리를 들으려
낮게 내려앉았다
고인이 두고 간 그리움 덩이가 옮아붙어
사람마다 눈물이 고인다

요령잡이 선소리가 맴을 돈다
붙박인 채 앞뒤로 흐느적거릴 뿐인 상여
김 서방 박 서방도 지갑 열었지만
상두꾼들은 요지부동으로
간암보살 간암보살
뇌일 뿐이다
상주가 지갑 열자
움직거리는 상두꾼들
요기차療飢次도
묘지 노잣돈도 필요하리니
그 먼 저승길도
그렇게 노잣돈이 길을 연다

‘인제 가면 언제 올 끄나 오실 날도 창망 읎네

…워어호 워어호’

눈 위의 길

-길2

미끄러졌다 일어서니
하늘이 내려앉고
땅은 일어선다
경계 없는 강물 하나
내 안에서 흐르고
찢기고 구멍 난 그림자는
내 밖에서만 돈는다

돌아앉은 세월
돌아다보니 시작도 끝도 없는
보일 듯 말 듯 길 아닌 길을
홀로 내디뎌 온
눈 위의 길

지울 수도 없는 발자국
바람과 눈이 지우고
나는 다시
자국을 만든다

오지는 않을 테니

가는 거다

기어서라도.

여자의 길

-길3

쌀 같은 내 새끼 데려다 이라고 생고생시키냐
그 여자의 어무니는 핏발 선 눈으로 남자를 째려봤다

한겨울 세 살배기 아들을 등에 업은 채 찬물에 빨래하다 곱아져버려 펴지지 않는 손가락을 입안에 넣고 호호 불다 저무는 해를 보며 친정 어무니 생각으로 가슴으로 호곡하던, 남편이 부도내고 이승을 하직해 버려 핏덩이 두 애만 데리고 집에서 쫓겨나 노숙으로 전전하다 교회당 사택에 들어앉아 십 수 년 세상과 등지고 기도에만 매달리던, 세상 물정 몰라 이리저리 채이고 이 사람 저 사람에게 떼이면서도 자기가 죄인이라며 밤낮으로 회개하며 가슴 속에 못 수십 개 박은 채 무릎으로 영성을 얻어 평화 얻으며 모진 삶을 지탱해오던,

그 여자…

그 여자 옆에 서면 늘 풀잎 향기가 났다
그 여자가 세상을 보는 눈은 늘 때 묻지 시인의 눈이었다

그 여자의 눈은 하도 맑고 늘 촉촉이 젖어 있어 흐르는 강물을 생각나게 했다

그 여자의 길은 늘 안개처럼 막막한 그리움이 끼어 있었다

나, 여태

그 여자에게 꿈이 있느냐고 묻질 못했다.

사랑의 길

-길4

시작은 있었는데 끝이 없다
이제는 흐릿한 점으로 남아있지만
내버려두어도 작아지고 작아질 뿐
결코 사라지지 아니하고
지우려 하면 더욱 크게 번져나가는
때로 칭칭 얽히고설킨 실타래 되어
가위로 싹둑 잘라버리고 싶은
정작 빠져나오려 힘을 더하면 더할수록
깊이 빠져드는 천 길 수렁이 되어버린

그러나
한 떨기 꽃을 피워내기 위해
진창 물에서 소름 돋는 오물도 감내하며
안간힘으로 눈물 기도를 하는
연꽃의 인내를 배워야 하고
60년을 버텨오다 마지막으로
허연 죽음 꽃을 피우는 대竹의 꿈을
꾸어야 하는 길이다.

대숲

-소리1

온 마을을
초록으로 가득 수놓은
우산마을 대숲의 소리는
사내와 아낙이 간드러지게 정분을 불태우는
어무니가 어둑새벽 우물에서 달 긷어 올리는
대가 하늘을 빗질하며 묵시를 잉태하는
소리다

아니다
늙은 소가 누워있다는
우산牛山* 마을 대숲 소리는
시인되는 게 한恨이 맺혀
날마다 버려지는 시詩만 짓는
어느 늙은 시인의
낙서落書가 나뒹구는 소리다.

*장흥군 장흥읍 억불산 자락에 있는 마을로 대숲이 많은데, 본 시인이 사는 마을이기도 하다.

겨울동백
-소리2

선달을 넘기면
하마 그 소릴 만날 수 있을까

지하 저 깊은 어둠의 단애에서 피돌기 덥히는
수맥의 신바람 소리도 좋다
적묵 계곡의 설해목雪害木 여린 가지
기지개 켜는 소리도
이름 모를 들꽃의 눈이 눈 속을 뚫고 나와
심지에 집 짓는 소리도 좋다
온몸으로 향 보시하러 쩍쩍 꽃잎 벌리는
매화의 거친 숨소리라면
더운 바람의 풀무질로 설산의 옷고름 풀어내는 소리라면
더욱 좋으리

그러나 정작 듣고 싶은 그것은
가슴 깊이에서 아직 피내지 못한
아득한 그리움을 불러올
겨울 동백의 선혈 빛 꽃등 터지는
아련한 비명이다.

사랑, 본연의 소리

-소리3

포탄이 작렬하는 소리도
시계 시 분침 소리도 아니다

그 소리는
두 가슴이 부딪쳐 일어나는
피아노 건반이 손가락과 만나 선율로 튕겨 나오는
바람이 대숲을 만나 잉잉대는
물 이랑이 서로의 몸뚱이를 무두질치며
철썩대는 소리다

사랑이 꺾이어지거나 소멸하지 않고 영원한 것은
그 소리가 파동처럼 가로막지 아니하면 직진하고
때로 돌아가고
때로 굴절하고
때로 반발도 하는

둘이지만 둘이 아니고
둘이 아니면서 둘인*

가슴 둘이 만나고 부딪쳐야 생겨나는

사랑의 소리여서이다.

*二而不二 不二而二: 둘이지만 둘이 아니고 둘이 아니면서 둘이다. 둘이지만 하나이고 하나가 아니면서 둘이다.

사랑, 그 마지막 소리

-소리4

그대,

사랑의 소리를 듣는가

그 소리는 천변만화千變萬化이지만 늘 그 자리에 있다

때로 쿵쾅거리는 심장 뛰는 소리로

때로 온몸의 신경세포가 곤두서는 환희의 소리로

때로 가슴이 저미어 오는 무언의 눈물 흐르는 소리로

그대,

이제 마지막 그 소리도 들어야 한다

신의 몸짓으로 일어나

하늘땅을 메우는 푸른 자유의 바람 소리를

저 깊고 깊은 지하에서 은밀한 흐느낌으로

뿜어져 나오는 수많은 영혼의 통음을

이 땅에 내버려진 채 바짝 엎뎌 있는 이들이

하늘을 우러르며 내뿜는 소리 없는 아우성을

그대여,

가슴 깊이에 웅크린 채
서러운 눈물을 훔치는 그림자의
한숨 소리도 들어야 한다
그게 마지막 사랑의 소리이니.

해바라기

-광애1

당신으로 미쳐가고 있습니다
나 홀로 한 길 사랑이어서입니다

잠깐 헛눈 팔다 당신을 놓칠까 봐
고개 빳빳이 쳐들고 눈 부릅뜬 채 당신만 쳐다보고
저물녘에도 뒷모습 쫓으며 힘들게 하루를 보내곤 하지요
밤이면 그리움으로 까맣게 온 밤을 새우고
아침이면 다시 당신을 만날 기대로 가슴이 부풀고
또 당신의 모습을 뒤쫓지만
나는 여전히 먼발치서 당신을 바라보기만 할 뿐입니다
내가 당신을 놓아주지 못하는 것은
전생에 당신이 나를 뒤쫓기만 했을지 모른다는
당신도 내가 그리워 매일 찾아와
나를 지켜보는지도 모른다는 생각에서입니다

내 사랑에 희망을 꿈꾸며
가슴을 수십 개 알알이 쪼개어 까맣게 태우도록
끝까지 당신에 미쳐가는 것은
이 때문입니다.

바다
-광애2

그는 미치게 사랑한다
그가 매시 매 순간 잠을 안자고
잠에 빠지려 하면 제 머리통 바위에 부딪혀 잠을 내쫓고
밤마다 외도하여 제 몸뚱이 불타 없어질 수도 있는 뜨거운 해를
아랫도리에 품고 밤을 새우며 섹스하는 이유는
사랑에 배신당한 앙갚음에서이다

그가 맥없이 나자빠져 있다가도
느닷없이 울화통이 치밀면 경천동지驚天動地하며
땅을 발길질하는 이유는
통하지 않은 사랑에 심통이 나서이다
그가 고향을 떠나 돌아오지 않고
땅에서만 살아가는 사람을 그리워하느라
하도 한이 맺히고 통분하여 죽지도 못한 채
저 홀로 껄껄 웃고 춤추고 노래하며 분통을 삭이고
울부짖고 속엣것들을 죄 토해내며
그리움을 죽이는 것은

그 사랑에 미쳐서이다

그는 내일도 모레도 그렇게 살아갈 것이다
제 몸뚱이 정념으로 몽땅 태워 없어져도
이루어질 수 없는 데도
그 사랑에 미쳐서.

사랑에 미쳐야 하리

-광애3

도대체 사랑이 무엇이관데
끊임없이 사랑을 말하게 하는가
사랑한다, 말하기 좋아하고
사랑한다, 말해주길 갈망하는가

사랑이 아무것도 아니라면 아무것도 아닌 것
사랑이 절절한 것이어야 한다면 절절할 수도 있는 것
그럼에도 사랑하라 강요하고
사랑한다고 말하게 하는 것은
사랑을 몰라서도, 사랑하지 않아서도 아니다
익숙한 것 같지만 정작은 낯설고
자칫 못된 사랑이기 십상이어서이다
그 정체도 모호하고
누구도 간단 명료히 규명할 수도 없지만
그 사랑을 삶으로 살아야
참으로 아름다운 삶이기 때문이다.

하여
사랑은
주문처럼 되뇌어
제 생존의 익숙한 몸짓이 되고
자연스레 몸에 배고 머리에 새기어
세상도 사랑의 눈물로 바라보는
사랑의 삶이 되어야 하느니

그대,
가장 아름다운 삶을 원하거든
미친 듯이 사랑을 말하고
그 사랑에 미쳐야 하리.

미친 사랑도 있다고 하니
-광애4

세상 사람 모두가 비웃어도
세상 사람 모두 아니라고 하여도
상관없습니다
한 떨기 꽃이 진다고 누가 서러워합니까
내가 낯선 땅을 헤매다 숨을 놓는다고
누가 눈물 한 방울 흘린답니까
내 삶은 내 것이니
내가 미친다고 누가 뭐라 할 순 없습니다

내가 미치지 못해 잘못 살았다고 그리도 질책하니
미쳐보아야 제대로 미치는 것들이 있다고 하니
진실로 미친 사랑이어야 사랑에 미친다고 하니
저는 이제부터 미쳐 보려고 합니다
꿈같이 여겼던 진짜 사랑이라는 게 있다고 하니
그런 사랑을 해보고 싶어졌기 때문입니다
세상을 살면서 단 한 번도 사랑에 미쳐보지 못했는데
내 목숨 먼지처럼 사라지기 전에
사랑에 미쳐 미쳐진 사랑으로 불태워보고 싶다는

마지막 꿈이 생겼기 때문입니다

무모한 시작이어서
도저히 미치지 못한 채 거꾸러져 허망히
종생에 이를지라도.

고슴도치의 사랑법

-광애6

누군 서로 몸을 껴안을 때 네 가시 내 가시 찔리지 않도록
가시 사이사이로 껴안는다고 한다
또 누군 가까이 다가가면 갈수록 상처를 주므로
서로 찔리지 않게 적당한 거리에서 바라보며 사랑한다고 한다

네 사랑은 본능이며 생존이다
암컷 가시가 순식간에 등으로 눕어지며
뜨겁게 암수가 한몸이 되는 생존의 사랑
그 사랑마저 궁하면 통하는 사랑

절박하여 통하는 게 아니라네
지극한 정성을 해야 길이 열린다네
궁하면 통하는 게 우주의 원리이기 때문이니
사랑을 섣불리 말하지 마시게

우리 사랑도 이와 같을지니
궁하므로 열리는 사랑이리니

우리의 진짜 사랑이라면

궁하여 통하여지는 사랑일지니.

며느리밑씻개의 사랑

-광애6

내 이름 비웃지 마라
억세고 기세다고 탓하지 마라
넝쿨 가시 날 세우며 달라붙는다고 항변하지 마라
미움의 비탈에 피어나는 이유도 있고
내 몸에 알알이 맺힌 사연이 기막히니라

내 가시 속 한 꺼풀 밑에는 초록 날들이 숨 쉬고
꽃잎 안에는 벌 나비 입김도 깃들어 있으며
꽃씨 속에는 도란거리는 바람의 소리도 숨어 있으니
아, 신도 탐낼 만한 치명적이고
신비로운 색의 아름다움도 있으니

내 가슴 안에 해와 달이 숨어 있기 때문이다

무망한 세상에서 비천하게 태어났을지라도
나 마음 비우고 그대 가슴 안으로
가장 아름다운 마음결로 그대 마음 안으로
다가가리니

그대 나 싫어 내친다 해도
나는 기어이 미쳐서 앙칼지게 달라붙으리니
아, 내 팔다리 모질게 끊어 내 목숨 앗아간다고 해도
나 그대 사랑했음으로
그 사랑으로 만족하리라.

꽃의 사랑

-광애7

사랑만을 위해 태어난다
사랑의 희열을 위해 산다
이성이니 윤리로 통제되는 사랑도
거칠고 이기적이며 서둘러 욕구를 채우는
사랑이 아니다
제 수컷을 한껏 드러내고
진한 향기로 유혹하고
사랑의 수액으로 홀리기도 하지만
이타적이고 사려 깊은
치명적으로 아름답고 선하며
온 세상이 제 것인 양
한 치의 부끄러움도 없이
당당한 사랑이다
아니,
제 씨를 온 땅에 뿌리기 위해 태어났으므로
사랑만이 제 씨가 만들어지므로
오로지 사랑에만 목매는
미친 사랑을 한다

그 사랑이

가장 순수하고 아름다운 것은

가장 미친 사랑이어서이다.

제3장

늙은 대숲의 꿈

늙은 대숲의 꿈

마알간 아침 열리니
오늘도 이슬로 목욕하고 꿈을 꾼다
오늘 이루지 못해 내일 다시 꿈꾸는 일이
비록 몇 년째 지속하는 허망한 일일지라도
오직 꿈꾸는 일이 살아있는 이유이기에

그 꿈은 하얗게 꽃을 피우는 것
그리움이 지극하면 꿈을 이룰 수 있다는 소망으로
사랑은 자기를 비우는 것이라는 믿음으로
비우고 다 비우며
창공으로 높이 치솟아
하늘의 도움도 기대하며
빈 몸뚱이로 모진 풍상을 버틴 지 반세기

제 생명과 바꿔도 좋은
단 번 꽃 피울 날을 위해
오늘도 꿈을 꾼다.

내가 할 수 있는 것

어젯밤에 쓰러지고
오늘 아침에 일어선다
어제는 지는 해를
오늘은 떠오르는 또 다른
해를 본다
쓰러지고 일어서는 나날
지고 뜨는 해를 의식하며
살아갈 수 있는 날이
바라보기만 해도 눈물이 맺히고
가슴이 뜨거워지는
사랑으로 살아갈 수 있는
날이 얼마일까

명료한 의식이 살아있는 지금
눈물로 하늘을 우러르고
눈물로 땅을 굽어보며
눈물로 나를 들여다보려고 할 뿐이다

나,

살아있음에 감동해 하며.

달의 알몸을 안다

1.

늦은 여름 날 달뜨는 밤이면 엄니는 우물가에 날 주저앉히고 멱을 감기셨다 어느 해부턴가 나는 엄니 왜바지 새로 드러난 샅의 벌건 살점을 흘낏흘낏 훔쳐보곤 했다 얼굴이 홧홧해질라치면 어떻게 알아챘는지 엄니는 어김없이 우물 속에 잠긴 달을 긷어 올려 아랫도리부터 머리통이며 가슴팍까지 확확 뒤집어씌웠다 그때마다 나는 두 팔로 머리통에서 가슴팍에서 부서져 내리는 달의 알몸을 와락 와락 껴안곤 했다 간혹 달이 휘영청 떠오른 밤이면 멱 감지 않아도 엄니의 벌건 샅 밑 살점이 눈앞에 어른댔고 그때마다 얼굴이 벌게지고 그때마다 죄지은 느낌이었고 그때마다 밖으로 휭하니 달려 나가 달을 향해 헛손질을 해대곤 했다 먼 훗날 엄니의 그것이 밑 빠지는 병증으로 생겨났음을 알기 전까진.

2.

어느 날 홀연히 달이 다시 내게로 안겨왔다 온몸이 허연 빛살을 내뿜는 알몸으로… 빛도 그림자도 손가락으로 만지면 흐물흐물 뭉개져 내리고 오랫동안 처매놓은 상처도 소름

이 돋듯 알알이 부르터지고 서러운 이야기가 잠든 첩첩 골짜기마다 마알간 눈물의 강이 여울져 흐르고 있었다 달빛이 내 몸뚱아리를 흠뻑 적시고 속살의 아픔이 파동으로 물결쳐 오고 나는 차안과 피안의 경계 없이 눈물 강에 빠져드는 동안 아, 나는 비틀거리며 발부리로 봄날을 디밀어 올리고 있었다 내 가슴 안으로 울려 퍼지는 달의 통음이 울릴 때까지.

검은 하늘

달이 어디 누울 데가 없어
탐진강 강안에 빛을 잃은 채 누워있었다
별들은 어디 앉아있을 데가 없어
벌판 여기저기 죽은 듯이 앉아있었다
숲이 산을 에워싸고 거꾸로 매달려있었다
칠흑의 밤이었지만
하늘이 희끄무레하게 트인 틈새기 한 곳도 없이 컴컴한 것은
땅이 하늘로 솟구쳐 올라
장막을 치듯 하늘에 걸려있었기 때문이었다

이날 밤 내내
하늘에서 흑비가 쏟아져 내렸고
내 가슴도 무너지고
또 무너지며
시커멓게 물들어 갔다.

호수

오늘도 꿈을 꾼다.
몸뚱이가 메말라 밑바닥이 드러나길 원하지는 않는다
하늘이 몇 십 년 가물어 비 한 방울 내리지 않길 원하지도 않는다
나는 콘크리트 벽을 두드리는 내 손발 끝을 더욱 무디고 단단하게 다듬을 뿐이다
댐이 무너지는 때를 꿈꾸며
무모한 일일지라도
내가 살아가는 유일한 이유이다

내 안의 푸르고 푸른 혈맥이
청청히 흐르는
그날의 자유를 위해서이다.

설날의 꿈

유년 때
설날은 한 해에 단 한 번
찬란한 기쁨이었다
검정 물들인 무명옷에 세뱃돈도 호주머니에 두둑이
떡국도 이집 저집서 배터지게 먹었다
어느 해인가 초하룻날 떡국을 주는 대로 댓 그릇이나 먹고 배앓이로 이틀 내내 된장국을 마셔대기도 했다
고싸움 줄다리기가 펼쳐지는 보름날까진 살판이 났다
한 해 내내 설날을 꿈꾸었다

지금은
그 설날의 꿈을 전해줄 데도 없다
그 설날의 꿈을 꾸는 애도 없다

설날의 꿈은 그렇게 묻혀지고 있다.

서설瑞雪

-이 함박눈에 농사 풍년이었으면
백성이 먹어야 나도 먹지
이렇게 차가운 날씨에
가난한 자는 어떻게 옷이라도 입나*-

시월 대설일大雪日에 내린 첫눈
서설瑞雪인가 폭설暴雪인가
동심도 사라져버린 시골 마을
어른들은 갇히고
세상은 잠들어 있지만
강아지만 신바람이 나 날뛰고
주름으로 구겨진 노인들 얼굴 위에
화롯불에 고구마 굽던 날들이
해맑은 웃음꽃으로 피어난다

홀로 외로이 겨우살이 하는 길 헤매는 노숙인, 소외인, 강자와 맞서 싸우는 모든 약자의 가슴마다
온기 불어넣는 축복의 서설이길

임진壬辰이

마지막으로 선물하는.

*이 시는 조선 제26대 황제인 고종이 서설(瑞雪)을 보면서 백성을 생각하는 마음을 담아낸 한시다. 원문은 "瑞雪民豊殖(서설민풍식-이 함박눈에 농사 풍년이었으면) 民食吾亦食(민식오역식-백성이 먹어야 나도 먹지) 又此隆寒時(우차륭한시-또 이렇게 차가운 날씨에) 貧者何以衣(빈자하이의-가난한 자는 어떻게 옷이라도 입나)"이다.

원단元旦의 소망

응달의 비탈을 더듬어 온
세월이 아찔하다
얼마의 신산 겨울을 지나야
오랜 어둠의 땅에 꽃불이 피어오를까

우러르니 하늘은 빛나는 별이요
굽어보니 강은 처연한 혼들이 등불 밝히며 훌훌 떠가고
유형의 대지는 묵시의 말씀을 포용하니

원단元旦,
그대여 이제 버거운 등짐 내려놓고
비밀스런 블랙홀에서 건져낸
무량한 사랑의 잠언으로 우뚝 일어서리라
저 태고의 더운 피 끌어 모아
웅숭깊은 구원의 불씨 지피고
혼신을 살라 곡진한 눈물 뿌리니
천지 사방으로 팔팔한 혈맥이
용솟음치리니

어기찬 땅의 숨소리
하늘의 한끝까지 메아리치리.

꽃은 죽지 않는다

꽃은 죽지 않는다
활짝 피었다 시들 뿐이다
꽃이 죽는 일은 없다
사람이 모가지를 꺾이어도 죽는 것이 아니다
모가지가 꺾어질 뿐
이듬해면 다시 살아난다

꽃은
자기를 피우고
웃음을 피우고
그리움을 피우고
사랑을 피울 뿐이다
사람이 죽어도 사자死者의 눈물을
닦아줄 뿐이다

꽃은
버림받았을 때 비로소 죽는다
천년을 살 것처럼 사는 사람도

버림받으면 죽는다
철저하게 홀로 되면
더 빨리 죽는다.

풀잎, 흔들리는 이유

풀잎이 흔들리는 것은
늘 허리 꺾기만 했던 일을 회상하느라
들꽃이 되지 못한 자신을 원망하느라
오만 잡생각으로
갈피를 못 잡아서이다

내일은 흔들리지 않겠다는 망상도
내버린 지 오래다
평생 누구에게든 절대 순종하여
죄 없음이 위안일 뿐이다

아니,
축복이다
한껏 즐기며
이리 흔들 저리 흔들
흔들리고 흔들려 주자
오직,
다음 생에선
다른 축복을 꿈꾸며.

지는 꽃이 아름답다

지는 꽃이 추한 것은 아니다
가야 할 때여서 가듯
지는 때여서 지는 것뿐이다

어떤 꽃이라도 필 때는 아름답다
축복받으며 기쁨을 주는 꽃도
언제인가는 지기 마련이다

색이 바래지고 생기를 잃고 몸뚱이 갈래갈래 찢겨지는 추레한 몰골이더라도 사위어가는 네 모습에는 화사하게 피어난 꽃떨기에서 보지 못한 가지가지 이야기가 읽힌다
인고의 겨울을 지나온 아픔도
봄 한 철 꿈을 펼친 절정의 아름다움도
열매를 위해 숨져가는 희생마저
다른 탄생을 채비하는 내일의 희망이 숨어있다
무망한 이 땅 위에 태어나 아득한 그리움을 피어올린
슬픈 영혼도 보인다

맥없이 스러져가는 네가
화려하게 피운 날의 너보다
아름다운 것은 이 때문이다.

봄을 부른다

-큰개불알꽃

겨울의 끝자리
바람도 잔 틈에
겨울 햇살 밀어낸 봄 햇살
사뿐 사뿐히 내려앉아
열기로 흥건한 속치마
온 땅에 가득 펼치며 조심스레 애무하니
긴 동토의 끝에서
가까스로 수줍게 얼굴 내민
큰개불알꽃

햇살이 빚은 사랑의 향내에 취해 비틀거리다가
보랏빛으로 환하게 피어난다
하루 사랑의 아쉬움을
아지랑이로 피워 올리며

봄은 그렇게 오고 있었다.

꽃의 말
-비밀 더듬기1

꽃의 말은
해와 달이 숨겨놓은 비밀이다
꽃이 자태만 보여주고
향기로 느끼게 해줄 뿐인 것은 이 때문이다
설혹
꽃의 말을 들을 수 있다고 해도
눈 감고 코끼리를 만지는 격일 뿐이다

꽃의 말을 숨겨놓은 것은
너무 선하고 아름다워서이다
진정으로 마음이 아름다운 이만
들을 수 있도록 하기 위해서이다
선한 마음이 열리고
그 마음으로 들어야 들을 수 있는 말
대충도 아니 되고
가식은 통하지 않는 말이
꽃의 말이다

이 지구별에서
가장 아름다운 말이 꽃의 말인 것도
꽃의 말을 듣는 이 없어
그 말이 슬프고 서러우리라는 것도
꽃의 말을 듣는 이는 없는 것도
이 때문이다.

할미꽃4

-비밀 더듬기2

그저 태생적이라 생각했다
얼마 후엔 업보려니 생각했다
얼굴 색깔도 영 맘에 차지 않았다
몸뚱이가 털로 뒤덮인 것도 몹시 화나게 했다
땅만 내려다보니 허리도 뻐근했다
도무지 허리를 펼 수 없어 너무 억울하다 생각했다
기 쓰며 허릴 펴 보려 애썼지만 소용이 없었다
왜 이런 고통을 주셨습니까 하늘에 항의하고 싶었다
그러던 어느 날인가 항의가 통했을까
꽃잎들이 하나둘 떨어지며 허리가 절로 펴지며 키도 쭈욱 자라났다
기지개를 힘껏 켰는데 멀건 하늘이 시원했다
내 몸 속엣것 다 퍼준 새끼들은
바람결 따라 하늘 하늘거리며 멀리 떠나갔다

나는 기진맥진해지며 죽어간다
힘을 다 쏟아내 허리가 다시 꼬부라지고
말라비틀어진 채

다 노랑꽃인데 유독 내 꽃부리만 자주색인 것은 벌들을 유혹하려는 치열한 경쟁에서 이기기 위해서였음을

내 몸이 남들처럼 미끈하지 못하고 털북숭이였던 것은 물이 귀한 이른 봄 내 몸속의 물을 보호하기 위해서였음을

허리를 굽히게 했던 것은 꽃샘추위로부터 나를 보호하기 위해서였음을

나는 까맣게 몰랐다

고개 숙인 채 꽃 피우게 한 것도

내가 벌들과 은밀한 사랑을 한껏 나누도록 하기 위해서였음을

아, 나는 까맣게 몰랐다.

꽃에 대한 오해
-비밀 더듬기3

그녀는 나를 모른다
나를 사랑하지 않는다

이 땅에 태어난 이유도
피는 줄도 모른 채
누가 사랑해주기를 원하지도 않는다
홀로 으스대며 고고하게 피어날 뿐이다

그녀가 원하는 것은 단 한 가지
꽃을 피우며 마법의 향기를 풀풀 날려 유혹하고
우아한 자태로 황홀경에 빠뜨리고
두상꽃차례로 가장 아름다운 건축미학도 뽐내며
암술은 꽃잎 안에 은밀히 숨은 채
수술은 노골적으로 발기시키며
나랑 사랑하자, 교접을 갈망할 뿐

사람보다 더 오랜 옛날부터
그녀는 그렇게 이 땅에 살아왔을 뿐이다

그럼에도
나는 그녀가 나를 사랑한다고 오해하며
그녀의 향기에 매료되고 황홀해하며
구애의 노래를 읊는다

내가 가장 순수하게
그녀의 삶을 이해할 때만이 비로소
그녀도 나를 사랑하게 될까.

벽

처음부터 있었다
해가 떴다 지듯
처음부터 생멸을 반복하고 있을 뿐
단지 보이지 않는 것만이 없는 듯할 뿐
필요로 의해서 생겨나기도 하지만
무너지기 위해서 생겨나기도 한다
절로 생겨나기도 하지만
내겐 그 모두 희망일 수도 절망일 수도
이것도 저것도 아닌 벽일 수도 있다

처음부터 문이었다
어미 뱃속에서 자궁 문을 열고 나왔듯이
내가 열면 열리는 문이고
열지 않으면 닫힌 벽뿐이었다
세상이 온통 벽인 것은
벽은 곧 문이기 때문이다
벽을 문으로 놓아두거나 맞서거나 우회하거나
하는 일도 내 의지에 달린 일이다

내가 맞서야 한다면 언젠가 통과해야 하는
필연의 문이리라

오늘도 내일도 내가 조우하는 벽이
슬픔이라면 강물처럼 흐르리
사랑이라면 불꽃으로 피우리
절망이라면 오뚝이처럼 다시 일어서리

종생에 이르러 이승의 벽을 만나면
당당히 열어젖뜨리고 가리.

아랫것에 관하여

어릴 때 물 늘 아랫마을이 부러웠다

부잣집이 많았고 이쁜 계집들도 거의 그 마을에 있었다

내가 늘 집적거린 계집도 물 아랫마을 애였다

초등학교 땐 늘 걔들과 싸웠다

물 아랫마을 계집을 좋아하다 걔 오빠들에게 몰매를 맞기도 했다

다 커서도 위보다 아래가 편했다

위보다 아래를 사랑했다

직장에서는 윗사람과 자주 싸웠고

아랫사람 편을 들다 목이 잘리기도 했다

아래가 더 탄탄해야 안전하다, 아래가 더 근본이다는 따위의 생존 가치로 비약되기도 하지만

어쨌든 지금도 아래를 사랑한다

이제는 자연스럽게 더 사랑한다

아니, 뿌리가 깊고 지경이 넓혀 있어

단단한 아래를 더 사랑한다

그럼에도 나는 그런 아랫것이 되고 싶었지만

정작 아랫것이 되지는 못했고

위 것은 더욱 되지 못했으며
어정쩡한 것일 뿐이다
흐물흐물 근근이 목숨을 부지하는 것마저
날이 갈수록 힘이 드는 것은
순전히 이 때문이다.

모난 것에 대하여

모난 돌이 정 맞는다며
둥글둥글 살자고 강요받는 세상

씨앗도 둥글고 알도 둥글고 우주도 태양도 지구도 둥글단다
씨가 있는 불알도 둥그니 생명의 선은 곡선이란다
둥글고 둥글게 살아야 하는 이유란다

그대, 알고는 있는가
정자는 꼬리 달린 모난 것이어서 생명의 뿌리는 모난 것이 앞선다고
둥근 것도 애초 모서리 도드라진 곳이 닳고 닳아 이루어진다고
하여 둥근 것의 뿌리도 알고 보면 모난 것이라고
모난 것이 없었으면 둥근 것도 없었을 지도
모난 생각 없이는 문명도 없었을지도 모른다고
둥근 것만의 세상은 제자리에 멈추거나 뒷걸음만 있을 게 아닌가

사랑도 모난 사랑이어야 열애가 되지 않던가
Jesus도 가장 모난 사랑으로 Messiah가 될 수 있었지 않았던가

둥근 것이 알파였다면
그 과정은 모난 것이 앞서 이끄니
우리가 모난 것을
더 사랑해야 하는 이유가 아닌가.

모퉁이

바다가 보고 싶을 때
나, 그곳으로 간다

뭍이 바다로 쭈욱 고개를 내민
이쪽저쪽 지역의 경계 지점이어서
더욱 내버려지고 외면당한 곳
사람도 가던 길을 꺾어야 하고
바람도 길을 꺾어야 하는
땅과 바다와 사람들의 모퉁잇 길
짊어진 짐이 버거울 때 짐 다 내려놓고
가슴이 허전하면 통째로 가슴을 놓아두고 싶은
달이라도 뜨는 밤이면 은빛 물결이 춤추는 바다를
가슴으로 바짝 끌어당겨 사랑하고 싶은
그곳으로 간다

땅이 바다와 섹스하고 싶어 바다 허리를 꽉 끌어당겨
바다의 몸부림을 가장 빨리 빨아들이는 곳
이쪽저쪽 향기가 맞부딪쳐 향기가 더 진하게 내뿜어지는 곳

모퉁이가 참 아름다울 수 있다는 것을
모퉁이엔 향기가 가장 많은 곳이라는 것을 깨닫게 해 준 곳
핍진한 삶이 나를 절망하게 만들 때 곧잘 찾았던 곳
그 모퉁이는 나에게 가장 아름다운 땅의 끝이고
바다의 자궁이다

나, 오늘도 그 모퉁이를 찾아 간다
내가 맘껏 울고 싶어질 때 꺼이꺼이 목 놓아 울부짖을 수 있는
유일한 그곳으로.

삶이 부끄럽거늘

그대,
눈길 닿지 않는 곳에
홀로 핀 들꽃을
본 적이 있는가

외진 곳일지언정 꽃을 피웠다면
제 홀로 환희 작약하는 모습도 보았으리
볼품없고 하찮은 꽃이었다 할지라도
제 꽃을 피워 아름다우니
아름다움은 영원한 축복이니
그 들꽃
대지의 시詩 되어
대지를 한껏 축복했으리니
누가 봐 주기를 바라지도 않은 채
천성으로 제 꽃 피워
사랑하고 축복하며
제 씨는 바람결에 물결에 얹혀 보낸
참으로

부끄러움 없는
생을 살았으리니
그 생은 축복받은 생이었으리

그대,
진심으로
보잘것없는 그 들꽃의 생을 축복했다면
그대 삶도 능히
축복받고 부끄러움 없는 삶이리.

사막으로 가리

나, 사막으로 가리

두 무릎이 꺾어지도록 정처 없이 허허 모래 벌로 달려가리

몸뚱이 기氣가 소진하면 죽은 듯이 퍼질러 누워 작열하는 태양 빛 아래 몸뚱이 태우며 사자死者의 그림자가 다가올 때까지 햇빛과 달과 별들과 이야기 나누리

나, 낙타 타고 사막으로 달려가리

낙타 등에 올라타 낙타 가는 데로 낙타가 지쳐 쓰러질 때까지 달려가리

낙타가 쓰러지면 모래 벌에 몸뚱이 누이고 밤엔 하늘 가득 쏟아져 내리는 별들을 우러르다 아득한 잠 속에 빠져 북극성 오르는 꿈꾸리

나, 홀로 사막을 횡단하리

가다가 지쳐 쓰러지면 사막의 돌바람이 되어 사막의 허연 벌을 끝없이 끝없이 종횡하고 밤엔 하늘을 관통하는 모래 다리 만들어 북극성에 오르리

금생今生의 마지막은 송두리째 흔적없이 사라지리니

후생後生에선 북극성에서 다른 생이 시작되리니

내 몸뚱이 사막에서 모래로 산화하며 종생終生하지만
내 영혼은 북극성에 오를지니

하여, 이제 비우고 또 비우고
껍데기만 남도록 하리.

들꽃 연가 1

네 자태를 그리 뽐내느냐
모든 꽃들도 너만큼은 아름답다
진정으로 아름다움이란 너만의 색깔
너만의 향기였을 때이다
무릇 아름다움이란 것도 오래가지 않는다
어떠한 아름다운 자태도
추해지는 몰골을 피할 순 없다
흐르는 강물도 다른 물을 이끌어 오며 연이어 흐르듯
아름다움도 그러하니
이젠 질곡의 상흔으로 빛나는 혼을
이젠 너만의 유일한 향기를 담아야 하리
모든 꽃은 응당 이 땅 위에 태어난 의미가 있으니
이 땅에서 살아가는 의미를
네 가슴에 알곡으로 차곡차곡 쌓아 담으며
이전과 전혀 다른 네 삶을 일구어 가야 하리
그때야 비로소
너는 이 땅에서 유일한 꽃으로 창창히 빛나면서
내겐,
꽃들의 경전이 되리.

들꽃 연가 2

색깔이 황홀하다
별처럼 환하게 빛난다
네 화려함은 그러나 내 마음에 담기지 않는다

독특한 향기가 있다
향기로 나를 유혹하며 가슴을 뒤흔든다
네 향기는 그러나 내 마음까지 물들이지 않는다

볼품없고 보잘 것도 없다
향기도 있는 듯 없는 듯
그저 꽃이기에 꽃으로 불릴 뿐이다

하지만 너,
내 마음을 빼앗을 수 있다면
아무 이유 없이 내 마음 송두리째 주어도
내가 편해질 수 있다면
외진 비탈에 가까스로 피어난 하찮은 들꽃일지라도
나, 굳이 사랑의 이름이 아니어도
있는 그대로의 너와 마음을 나누며
종생에 이르도록 함께 하리니

넌, 나에겐 모든 꽃 중에서
가장 아름다운 꽃이 되리.

들꽃 연가 3

세월 따라 세월은 흐른다
사람 따라 사람도 흐른다
흐르는 모든 것의 뒤에는 무엇이라도 흐른다

흐르는 물을 막았다는 하늘도 가렸다는 그 사람
오늘은 환히 빛이 난다
진한 향기도 모아지고 있다
하지만 곧 어둠이 곧 뒤따르리니
잠재운 오물도 바람 따라 흐르리니
흐르는 물을 막았다 한들
넘치는 물을 어찌 다 막을 수 있으랴
가렸다는 그 하늘은
제 눈을 가린 그 하늘 아닌가

하우스에서 절기도 거스르며
고이 피어난 꽃보다
박토에서 캄캄한 어둠도 친구 되고
비바람 맞아가며 피어나
세월 따라 절로절로
고고하게 져가는 들꽃이야말로
진정으로 아름다운 대지의 꽃이거늘.

작품 해설

전 기 철

시인, 숭의여대문창과 교수

비움과 사랑의 변주
- 김선욱 시인의 『지는 꽃이 더 아름답다』를 중심으로

1.

시인에게 경험은 시적 영감과 모티브, 창작열의 바탕이 된다. 감성적 충동을 환기시키는 미적 경험은 원석의 다이아몬드여서 시를 통해서 영롱한 빛을 드리우는 물방울 다이아몬드로 재탄생한다. 리처즈는 "언어에 질서를 부여하는 놀라운 재능은 경험들에 질서를 부여하는 더욱 놀라운 재능에서 본다면 지극히 작은 부분에 지나지 않는다"고 했다. 시인에게 강렬한 경험은 내면화되고 정서와 시적 정조를 형성한다. 특히 유년기의 잊을 수 없는 경험은 의식이든 무의식이든 심층에 자리 잡는다. 그리고 평생을 걸쳐 빛과 그림자처럼 세계를 바라보는 데 영향을 준다. 김선욱 시인에게도 유년기의 강렬한 체험과 기억이 시 세계와 시적 정조를 이루고 있다. 원초적 체험으로 시인의 내면에 각인된 작품 하나를 살펴보자.

산속 소년은 해마다 이른 봄이면 분지 가득 펼쳐진 분홍 빛 바다를 보았다 아비가 바다라고 말해준 철쭉이 만개한 분홍 빛 그 바닷속에서 소년은 낮잠도 자고 산토끼와 놀고 여기저기에 배설도 하고 밤이면 먼 나라를 항해하는 분홍 빛 꿈을 꾸곤 했다 성인이 다 되었을 무렵 아비가 죽어 철쭉 바다에 아비를 묻고 산에서 얼핏얼핏 보았던 남해안으로 하산한 그는 처음으로 사람들이 바다라고 하는 푸른 바다를 만났다 그는 바다에 풍덩 빠져보고 바닷물로 젖은 얼굴이며 가슴팍을 만져보고 아, 바 다는 이런 것이구나, 생각했다 그는 산에서만 내려다보며 까닭모를 그리움에 빠져들곤 했던 그 아득 하기만 했던 게 바로 이 바다였구나, 하고 신기해하며 몇 해를 바닷가에 살며 배를 타고 헤엄치고 고기를 잡아먹기도 했다 사람들이 다 바다라고 말하는 그 푸른 바다를 그도 바다로 인정은 했지만 그의 가슴은 한사코 산속의 철쭉 바다가 진짜 바다였다 …세월이 흐르며 바다를 떠나 도회지로 나온 그는 바다에서 나온 생선이며 고막이며 조개며 각종 어패류를 먹기도 하면서 푸른 진짜 바다로 되어갔지만 여전히 그의 가슴 속의 바다는 분홍 빛 바다였다

-「바다는」부분

소년에게 바다는 흐드러진 철쭉꽃 평원이었다. 아버지가 바다라고 알려준 철쭉 밭은 소년에게 장엄한 화엄세계나 마찬가지였다. 끝없이 펼쳐지는 분홍의 바다를 바라보며 소년은 자신의 내면 가득히 출렁이는 생명의 리듬을 느꼈다. 그것은 아득한 태초로부터 흘러온 우주적인 생명력이자 음악이며 율동 같은 것으로서 소년의 무의식 속에 자리 잡았다. 이 충일한 공간 속에서 소년은 분홍빛 꿈을 꾸었으니 자연은 소년에게 꿈의 시발점이었다. 여기에서 자연은 소년과 분리되지 않으며 일체가 된다. 자아와 세계가 정서적으로 연결되어 가장 순수하고 원초적인 관계를 맺고 있었던 자연은 시인에게 영혼의 고향이며 그의 시가 태어난 모태인 것이다. 자연에 대한 유년기의 경이로운 체험이 김선욱 시인으로 하여금 평생 자연과 동반하며 남다른 감수성을 갖도록 한 것이다. 따라서 김선욱 시인에게 자연은 객관적 대상이나 타자가 아닌, 시적자아와 분리되지 않는 원융한 하나다. 이러한 동일성에서 김선욱 시의 서정이 흘러나온다. "몽상하는 사람이 말할 때는 누가 말하는 것인가, 그인가, 세계인가?" 라고 했던 바슐라르의 말처럼 자연은 고유한 인격체가 된다. 시인은 겨울 산의 정갈한 눈물을 보기도 하고, 땅 속에서 안간힘으로 생명을 움켜쥐는 풀뿌리들의 숨결을 듣기도 한다.(「겨울 제암산을 오르며」) 그러므로 시인은 바다를 애무하는 해를 만나고,(「황혼의 바다에서」) 묵언수행에 들어서 태초의 땅으로 회귀한 겨울 산이 온갖 생명을 잉태하는 것을 보며,(「겨울산의 심연」) 겨울잠속에서도 초록빛 꿈을 꾸는 빈 가지를 보고(「청명차를 기다린다」) 사람들의 눈길이 닿지 않아도 스스로 피었다가 지는 들꽃에서 생의 축복과 아름다움을 발견한다.(「삶이 부끄럽거늘」) 또한 가슴 깊은 곳에서 펴내지 못한 그리움을 불러오는 동백꽃의 선혈 빛 비명을 들으며,(「겨울동백의 소리」) 때로는 자신을 질타하는 꾸짖음을 듣기도 한다.(「다시 꿈을」)

친구여
강의 속살을 만져본 적이 있는가
강의 머리에서 발끝까지 내디뎌 본 적은 있는가

강은 실핏줄로 흐르며 사연을 담는다
더 낮은 곳으로 흐르며 더 깊은 곳으로 속속들이
제 몸 아낌없이 내주며 살아있는 것들의
온갖 것의 사연을 담는다
은빛 비늘의 물고기 떼의 사랑도
날갯짓하는 새 떼의 언어도
사람들이 내버리는 오물도

세상도 세월도 낚아 흐르느라 깊어진 상처들
허리를 동강 내고 가슴을 도려내는 아픔도 안으로
만 삭이고
참아내기 힘들면 제 가슴 헤집어 드러내지만
누더기 되어 흉측해진 채 허예진 드러난 속살들

친구여
그 속살을 만져보라
그 속살의 기도를 들어라.

-「강의 속살 」전문

강은 생명의 근원이다. 강물에 입술을 적시지 않고 살아가는 생명체가 어디 있겠는가? 그런데 지금 온갖 것들을 끌어안고 키우며 자신을 내어주는 어머니의 품 같은 강이 파괴되고 있다. 개발과 성장을 지상의 가치로 여기는 인간의 탐욕과 야만 때문이다. 성장지상주의나 성장 중독증은 현대사회가 가지고 있는 육식성의 단면이다. 자연과 생명은 화폐가치로 환산하는 상품이 되었다. 고기의 근수를 재는 정육점의 저울처럼 인간은 강을 도살하고 돈을 셈하기 바쁘다. 시인은 "허리를 동강내고 가슴을 도려내는 아픔" 으로써, "누더기 되어 흉측해진 속살"로써 강의 아픔을 함께 느끼고 있다. 시인에게 감수성의 두터움이 생명에 대한 연민과 공감으로부터 나오고 있다. 자연에 대한 애정과 일체감이 서정의 동력으로 작용한다. 강의 속살이 들려주는 기도를 듣는 김선욱 시에서 우리는 생명의 고귀함을 노래하는 찬가를 듣는다.

2.

김선욱 시인은 작고 하찮은 것들에 눈길을 준다. 통찰과 역설의 눈으로 사물을 보고 존재가치를 발견하려고 한다. 소외되고 무가치한 것들을 사유의 중심으로 끌어들인다. 거기에서 우주적 존재로서 사물을 바라본다. 순간, 우리의 고정관념과 타성의 눈에선 가장 낮고 무가치한 것이었으나 시인의 눈을 통해 그 존재는 의미를 갖게 된다. 타성은 마치 어둠과 같아서 사물을 제대로 볼 수 없다. 낯익음으로 인해 눈으로는 보고 있지만 마음으로는 보지 못하는 것이다. 그러나 김선욱 시인은 화사하게 피어난 꽃에서가 아니라 시들어가는 꽃에서 아름다움과 의미를 발견한다.(「지는 꽃이 아름답다」) 눈에 보이는 그 너머의 것을 보기 때문이다. "내 가시 속 한 꺼풀 밑에는 초록 날들이 숨 쉬고"(「며느리밑씻개의 사랑」) 가시로 달라붙는 억센 잡풀에서도 생명의 부드러움을 보고, "

볼품없고 하찮은 꽃이었다 할지라도"(「삶이 부끄럽거늘」)거기에서 자기의 전 존재를 드러낸 아름다움임을 본다. 사용 가치로부터 외면당하고 소외되었던 사물들이 언어라는 빛을 통해 존재의 깊이를 갖게 된다.

> 있지만 없는 듯
> 없지만 있는 듯
> 천지간을 빼꼭 채우고 있지만
> 좀처럼 실체는 드러내지 않는
> 바늘 끝 첨각에도
> 내 머리칼 끄트머리에도 앉아
> 사람들을 조소하고 있는
>
> 끊임없이 이리저리 움직거리며
> 한 줄기 빛이 쏘이면
> 제 모습을 드러내고
> 반짝거릴 뿐인
>
> 아, 우리의 생존도
> 한 찰나에 반짝일
> 존재뿐인 것을.

-「생존, 반짝거림이다」전문

영원성의 시간 속에서 삼라만상은 모두 일시적인 존재이다. 탄생에서 죽음 사이 우리의 삶이라는 것도 우주적인 시간의 잣대로 가늠한다면 찰나이며 인간과 먼지의 존재가 다르지 않을 것이다. 하지만 시인은 먼지와 인간을 이분화해서 보지 않는다. 둘 다 찰나적인 존재로서 동일하게 여기기 때문이다. 이는 모든 존재에 대한 대긍정과 겸허의 눈으로 세계를 바라보는 것이며 인간이 갖고 있는 우월성과 오만함으로부터 벗어난 자세인 것이다. 먼지 하나에서 우주적 존재를 발견할 때 우리의 삶과 인식은 무한하게 지평을 확장시킬 수 있다. 이러한 시인의 태도는 비움의 시학으로 향한다.

지금 나에겐
그릇 하나가 있어야 한다
깨진 그릇은 날이 선다
사금파리는 누구에게도 상처를 낸다
두루뭉술한 그릇은 넉넉하지만 넘치기도 한다
밑바닥에 구멍이 뚫려
담아 두려 해도 헛수고이고
넘쳐 버리는 일도 없고
절로 비워지는 그릇

지금 나에겐
그런 구멍 뚫린
그릇이 있어야 한다.

-「그릇」전문

현대인은 '결핍'이 결핍된 시대를 살고 있다. 너나 할 것 없이 채움과 넘침을 향해서 분주하다. 물질가치만을 추구하는 우리 사회에서 채우지 못하는 것은 무능한 사람이며 잉여인간으로 낙인찍힌다. 소유가 가치를 결정하는 잣대가 돼버렸기 때문이다. 얼마나 많이 물질을 채우느냐가 인생의 성공을 평가하는 기준이다. 그런데 시인은 "구멍 뚫린 그릇"의 당위성을 간절하게 염원하고 있다. 그릇은 인생에 대한 메타포다. 그런 의미에서 위 시는 시인의 인생론이며 철학이라 할 수 있다. 시인은 어느 누구에게도 상처를 주지 않으며, 욕심으로 무언가를 채우다가 넘치지도 않는, 담을 수도 없고 넘치는 일도 없는 삶을 추구한다. 노자는 "도는 텅 비어 있다"고 했다. 그 텅 비어 있음으로 인해 끝이 없고, 깊기도 하고, 신비롭기도 하고, 만물의 근원 같다고 보았다. 그러므로 비어 있음은 무의 세계가 아니라 충만한 세계이다. 텅 비어 있음에서 모든 존재가 탄생하는 것이다. 시인에게도 비워지는 그릇은 비움인 동시에 채움이기도 하다. 물질의

채움이 아니라 내적인 충만감으로 채워지는 즉, 존재의 충일성인 것이다. 이 채움을 시인은 향기로 노래한다. "비우고 비워야 채워지고/ 선하고 선해야 꽃처럼 빛나는/ 환한 우주 별로 영원히 피어나는 그것/ 곧 향기이니// 나 오늘도 묵묵히 걸어간다/ 내 생의 종착역에서 피어날/ 이 우주에서 유일무이할/ 그 향기를 위해"(「향기2」)처럼 비움은 곧 내면의 삶에 대한 충일성을 지향한다. 칼 융은 "나는 선한 사람이 되기보다 온전한 사람이 되고 싶다"며 내적으로 전일성(全一性)을 추구했다. 김선욱 시인 역시 자신의 내적의 삶을 충만하게 만들고자 하는 열망을 보여준다. 이 열망이 타성과 안일함을 떨치게 하고 그를 꿈꾸게 만든다. 길 연작이나 빈번하게 나타나는 그리움이라는 어휘들은 모두 그의 내적 갈망과 관계가 있다. "내 가슴은 수많은 해를 삼키며/ 끝없이 태우고 비워내지만/ 다시 채워지는 건/ 아득한 그리움뿐"(「황혼의 바다에서」), "이승의 나의 생이 오지게 환해지는/ 한 날을 꿈꾸며"(「다시 꿈을」) 안주하고 길들여지는 삶에 대한 거부는 시인에겐 운명이다. 그러므로 시인은 준엄한 자기 시련을 위해 혹독한 여정도 마다하지 않는다.

나, 사막으로 가리
두 무릎이 꺾어지도록 정처 없이 허허 모래 벌로 달

려가리

몸뚱이 기氣가 소진하면 죽은 듯이 퍼질러 누워 작열하는 태양 빛 아래 몸뚱이 태우며 사자死者의 그림자가 다가올 때까지 햇빛과 달과 별들과 이야기 나누리

나, 낙타 타고 사막으로 달려가리

낙타 등에 올라타 낙타 가는 데로 낙타가 지쳐 쓰러질 때까지 달려가리

낙타가 쓰러지면 모래 벌에 몸뚱이 누이고 밤엔 하늘 가득 쏟아져 내리는 별들을 우러르다 아득한 잠 속에 빠져 북극성 오르는 꿈꾸리

-「사막으로 가리」부분

내적 치열성을 놓지 않으려는 시인의 시정신이 느껴지는 작품이다. 사막은 야성과 고독의 공간이다. 육체적 고통과 정신적 고통을 인내하지 않고는 통과할 수 없다. 사막을 내면에 들여놓고자 함은 그의 정신이 여전히 길 위에 있음을 보여준다. 편안 곳에 안주하지 않으려는 시인의 의식은 청년과도 같다. 그러기에 세상이 요구하는 둥글게 살라는 처세술도 단호히 거부할 수 있는 것이다. "둥근 것도 당초 모서리 도드라진 곳이 닳고 닳아 이루어진다고/하여 둥근 것

의 뿌리도 알고 보면 모난 것이라고”(「모난 것에 대하여」)한다. 모난 것이야말로 세상의 원동력이며 변화의 에너지로 보고 있다. 모난 것에 대한 역발상이 “모난 것이 정 맞는다”는 세상의 통설을 뒤엎고 있는 것이다.

3.

김선욱의 시는 사랑과 열정의 노래이다. 그의 사랑과 열정은 뜨겁다 못해 타오르며 때로는 미쳐버린다.(‘미친다’라는 어휘가 시에서 유독 많이 나타나는 것을 볼 수 있음)「해바라기」, 「바다」, 「사랑에 미쳐야 하리」,「미친 사랑도 있다고 하니」,「고슴도치의 사랑법」,「며느리밑씻개의 사랑」,「꽃의 사랑」으로 이어지는 광애 연작 시편들은 폭발할 듯한 열정을 보여준다. 사랑은 가장 원초적이고 순수한 에너지이다. 그러나 자본과 논리, 이성의 합리성으로만 세계를 바라보는 현대사회에서는 사랑마저도 원초적인 생명력을 상실하고 말았다. 성은 상품화되어 말초적인 감각을 자극하는 데 사용되거나, 폭력으로 나타나기도 한다. 영혼을 고양시키고 영성의 자양분으로써 사랑을 향유하지 못하기에 이 시대에 살고 있는 현대인들은 삶이 메마르고 지친다. 영혼들은 생기를 잃어버리고 우울하다. 김선욱의 시는 생명의 에너지로서 오염되지 사랑을 회복하고 있다. "쿵쾅거리는 심장 뛰는 소리로", "온몸의 신경세포가 곤두서는 환희의 소리로", "푸른 자유의 바람 소리"로, "영혼의 통음"(「사랑, 그 마지막 소리」)으로 생의 충만성을 환기시킨다.

사랑만을 위해 태어난다
사랑의 희열을 위해 산다
이성이니 윤리로 통제되는 사랑도
거칠고 이기적이며 서둘러 욕구를 채우는
사랑이 아니다
-(중략)-
온 세상이 제 것인 양
한 치의 부끄러움도 없이
당당한 사랑이다
아니,
제 씨를 온 땅에 뿌리기 위해 태어났으므로
사랑만이 제 씨가 만들어지므로
오로지 사랑에만 목매는
미친 사랑을 한다

-「꽃의 사랑」 부분

사랑은 곧 생명이다. 이 둘을 분리하고 해체해서 사랑을 포장지로 사용하거나 관념의 틀에 가두거나 윤리나 권위로 왜곡하기 때문에 가장 자연스러운 본래의 사랑이 죽어버린 것이다. 김선욱 시인은 꽃으로부터 사랑의 생명을 되살리고 있다. 사랑은 우주만물의 에너지로써 풍요로움과 기쁨, 생명의 신비다. 우리의 내면에서 사랑의 진정한 힘과 아름다움을 회복하는 것은 곧 원초적인 생명력을 회복하는 것과 같다.

봄날이 오면
푸른 보리 밭두렁 너머 간지러운 종달새 노랫소리가
가슴에 오래 묻어둔 추억들을 건져낼 것이다
푸른 바람은 살랑살랑 피우며 숨넘어갈 듯 달려와
가슴 깊이 잠든 그리움을 깨울 것이다
빗장 열린 하늘에서 쏟아지는 푸른 햇살도
오래 묶인 발목 끈을 풀어 어디로든 떠나게 할 것이다
코끝을 간지럽히며 흐드러지게 웃어대는 꽃의 요
정들도
키득거리는 웃음소리로 가슴 속에서 사라져가는
사랑의 불씨를 피워낼 것이다
-(중략)-
껍데기뿐인 내 몸뚱이는

자꾸 흔들거리며 푸른 바람을 피워내고
기진맥진하며 다 죽어가던 사랑이란 놈도
기어코 활활 타오를 것이다

아, 그날이 오면
나는 미치지 않으면 버텨내지 못할 것이다.

-「봄날이 두려운 이유」 부분

위 시를 읽으며 환청처럼 온갖 생명들이 부르는 환희의 합창소리를 듣는다. 생명들의 향연이 시작되고 꽃들은 저마다 환한 등불을 내거는 봄날, 김선욱 시인은 두려울 정도로 봄의 황홀한 생명력에서 떨림을 느끼고 있다. 그것은 유년시절 철쭉평원에서 분홍빛 바다를 보았던 시인의 가슴 속에 늙지 않는 만년 소년이 살고 있기 때문이다. 해마다 찾아오는 새봄이 영원히 청춘인 것처럼 말이다. 봄이 되면 시인은 소년이 되어 얼음이 풀리고 보슬보슬 부드러워지는 대지처럼, 봄바람의 숨결처럼 삼라만상에서 사무치듯 타오르는 분홍빛 바다를 다시 발견할 것이다. 영혼의 울림이 있었던 최초의 봄날, 최초의 그 자리에 설 것이다.

김선욱 시인에게 이 유년의 체험은 자연을 통해서 얻어진 비움과 사랑의 변주에서 비롯된 듯하다. 자연은 늘 비우면서 채운다. 그것이 인간이 자연에서 배우는 사랑이 아닐까.

시인마을 002
새로운사람들

지는 꽃이 아름답다

초판1쇄 인쇄 2014년 10월 10일
초판1쇄 발행 2014년 10월 15일

지은이 김선욱
펴낸이 이재욱
펴낸곳 ㈜새로운사람들
디자인 이즈플러스
마케팅·관리 김종림

ⓒ김선욱, 2014

등록일 1994년 10월 27일
등록번호 제2- 1825호
주소 서울 도봉구 덕릉로 54가길25
전화 02)2237-3301, **팩스** 02)2237-3389
이메일 ssbooks@chol.com
홈페이지 http://www.ssbooks.biz

ISBN 978-89-8120-497-6(04810)
978-89-8120-492-1(세트)

* 책값은 뒤표지에 씌어 있습니다.